青少年控烟行动教育知识

杨立国　程红霞／编著

海豚出版社
DOLPHIN BOOKS
CICG　中国国际传播集团

图书在版编目（CIP）数据

青少年控烟行动教育知识 / 杨立国，程红霞编著 . -- 北京：海豚出版社，2024.1
ISBN 978-7-5110-6711-1

Ⅰ . ①青… Ⅱ . ①杨… ②程… Ⅲ . ①戒烟—青少年读物 Ⅳ . ① C913.8-49

中国国家版本馆 CIP 数据核字（2024）第 008858 号

青少年控烟行动教育知识

杨立国　程红霞　编著

出 版 人	王　磊
责任编辑	张　镛　梅秋慧
封面设计	何洁薇
责任印制	于浩杰　蔡　丽
法律顾问	中咨律师事务所　殷斌律师
出　　版	海豚出版社
地　　址	北京市西城区百万庄大街 24 号
邮　　编	100037
电　　话	010-68325006（销售）　010-68996147（总编室）
印　　刷	艺通印刷（天津）有限公司
经　　销	新华书店及网络书店
开　　本	710mm×1000mm　1/16
印　　张	7
字　　数	53 千字
印　　数	3000
版　　次	2024 年 1 月第 1 版　2024 年 1 月第 1 次印刷
标准书号	ISBN 978-7-5110-6711-1
定　　价	29.80 元

序　言

近年来，尽管公众对吸烟危害的认识逐渐提高，但青少年吸烟问题仍然严重，这对他们的成长和发展构成了重大威胁。吸烟不仅会导致多种疾病，包括肺癌、心脏病和呼吸系统疾病，而且会引发学习能力下降、情绪问题，以及社交困扰。

我国作为一个烟草大国，每年有上百万人口因直接或间接受到吸烟影响而失去生命。因此，我们要加强青少年控烟教育，让青少年对吸烟的危害产生正确的认识，从而自觉主动远离吸烟者和吸烟环境，拒绝吸烟的诱惑。

我们策划这本书，是为了揭示烟草的危害，告诉青少年烟草是如何破坏人们的身体，损害人们的健康，以及偷走人们的宝贵生命的。这本书也会向青少年展示如何用科学的方式来抵抗烟草的诱惑，保护自己和他人免受烟草的危害。

控烟是一场关乎生命、关乎健康的战斗，它需要我们所有人的参与和努力。这本书，正是青少年在这场战斗中的一把利器。愿这本书能成为青少年的知识灯塔，指引他们在烟雾中找到清晰的道路。愿青少年的控烟行动，能够为我们的社会，为我们的未来，留下一个更健康、更清新的世界。

目 录

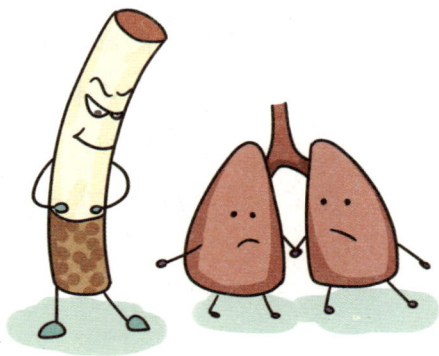

第三章　吸烟对人体的危害

第四章　科学控烟，从我做起

第一章

点燃香烟
就是在燃烧生命

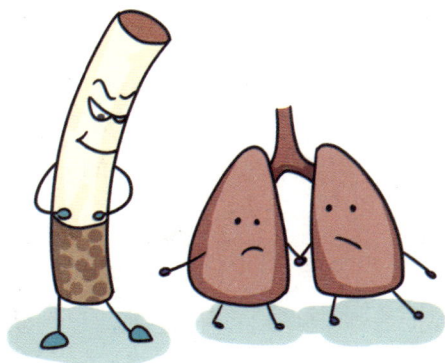

一、烟草的来源

今年 5 月 31 日，小洁的班级里开展了一场主题为"了解世界无烟日"的班会。班主任让同学们先各自说说对吸烟的看法。同学们的说法虽各有不同，但都一致认为吸烟是一种不值得学习和提倡的行为。

有的同学说，抽烟的爸爸身上总是有一股刺鼻的烟味，害得自己一点也不想与爸爸亲近；也有同学说，常年抽烟的某位亲人因肺癌而去世，令家人十分伤心……听完大家的叙述，班主任正想做一个陈述性总结，却看见了一言不发若有所思的小洁，于是问道："小洁，你怎么不说说你的看法呢？"

听到老师叫自己的名字，小洁赶紧站起身说道："老师，我很好奇，对我们健康没有一点好处的香烟是从哪里来的呢？谁又是第一个吸烟的人呢？"听了小洁的话，同学们也纷纷讨论了起来。

　　班主任赞许地对小洁点了点头，笑着说："这个问题的答案能够带领我们更好地了解香烟。香烟的来历其实就是烟草的由来，这要从 1492 年哥伦布在美洲大陆上发现烟草说起了。"

　　烟草，是一种原产于美洲的茄科烟草属植物，最早由美洲土著人发现并利用。他们认为烟草具有药用功效和神圣性质，使用它进行各种仪式。1492 年，探险家哥伦布发现了美洲"新大陆"，同时也首次接触到了这片土地上的烟草。不过，这些外来者因为不认识这种新植物而选择将其丢弃。1501 年，哥伦布派两名船员去到古巴，他们在那里第一次见到有人抽烟。经过了解，他们知道了烟草的药用价值，并学会了抽烟。于是，烟草和抽烟的习惯随着两名船员一起被带回了西班牙。

　　1530 年，西班牙船员带回了烟草种子。至此，烟草被正式引入欧洲。烟草被带到欧洲后，起初也被视为一种药草。在使用过程中，人们渐渐发现烟草能够治疗或缓解当时的一些疑难杂症带来的疼痛。

1560 年左右，法国驻葡萄牙大使杰恩·尼古特听说烟草的止痛和治病等功效后，便在自己的花园里种植了许多烟草，并利用烟草的功效治好了许多人的疾病。回到法国之后，他将这种神奇的植物献给了国王和一众贵族。自此，烟草在法国盛行起来。之后，人们为了纪念他在烟草传播中起到的重要作用，便将烟草中特有的烟碱以他的名字命名，即我们现在所熟悉的尼古丁。

最初将烟草以及抽烟行为进行广泛传播的人，更多的是看到了烟草所具有的正向价值。在医疗条件和思想十分落后的时期，烟草的确为治疗许多棘手的疾病提供了一定的解决方法。随着人们对尼古丁独特作用的了解，烟草的用途逐渐从药用转变为娱乐。在此之后的几个世纪里，烟草的种植和使用在全世界范围内迅速扩展。现在，烟草已经成为全球种植最广的农作物之一。

二、你为什么要吸烟

小王的儿子鹏鹏今年刚上小学，这天，鹏鹏从学校回来后突然问小王："爸爸，你知道吸烟有什么危害吗？"小王赶紧熄灭了手中的烟，点了点头。原来，今天学校开展了一场有关吸烟危害的讲座，鹏鹏一时想到了爸爸这个老烟民，回家后便不断向爸爸提出问题。在确定爸爸知道吸烟有害时，鹏鹏又问道："为什么吸烟对身体不好，你却还是要吸烟呢？"

被儿子这么一问，小王不由得回忆起自己大学时期在室友的带领下走上这条"不归路"的情景。他当时学吸烟其实有多方面的原因，一是期末考试压力太大，二是有时熬夜需要提神，三是身边的朋友都抽烟，如果自己不抽会显得不太合群。

小王摸了摸儿子的头，说道："吸烟是一个不好的习惯，爸爸刚吸烟的时候也没有细想过吸烟的危害，现在再想戒烟就很难了，不过爸爸还是会努力戒掉的。鹏鹏，你要记住，吸烟容易戒烟难，所以以后在遇到吸烟的诱惑时，一定要谨慎考虑。”

“那是当然了！我知道吸烟对自己和别人的身体健康都有坏处，所以我是不会吸烟的！”小王看着鹏鹏坚定的样子，不禁下定决心要尽快戒烟。

青少年的思想观念尚未成熟，很容易受到刺激事物的蛊惑，吸烟就是其中较为常见的一种。很多青少年吸烟行为的“由来”都是受人怂恿，然后对此产生了好奇，最后一发不可收拾。而且许多青少年在染上吸烟这个习惯之前并不知道吸烟的危害。

虽然青少年开始吸烟的原因多种多样，但基本离不开下面这些因素。

第一，社交压力。许多青少年在尝试成为社交圈子中的一分子时，可能会因为想要融入或者看起来更酷而开始吸烟。他们可能觉得吸烟会让他们在朋友中更受欢迎或者更容易被接纳。

第二，好奇心。许多青少年对吸烟感到好奇，他们可能会因此而试图体验吸烟，以满足自己的探索欲望。

第三，模仿行为。如果家里的父母等长辈或者身边的朋友是吸烟者，青少年可能会觉得吸烟是可以接受的，甚至是正常的，因此学着他们抽烟。这种模仿行为是他们开始吸烟的一个重要原因。

第四，应对压力。许多青少年在面临各种各样的压力，如学习压力、社交压力、情感困扰时，可能会选择将吸烟作为一种应对机制。

其实，不管是"放松身心"还是"社交需求"，都是为吸烟行为找的一个冠冕堂皇的理由。这些理由并不能证明吸烟行为是正确的、有必要的。因此，无论基于何种理由，青少年都不应该沾染上吸烟行为。

青春期是青少年身心发育的重要阶段，我们应该正确看待吸烟行为，认识到吸烟会给身体健康带来的负面影响。放松精神、缓解压力、与人交际的方法有很多，我们应该选择正确且健康的方式来达到同样的目的。

三、烟瘾从何而来

　　莎莎的爷爷是个吸烟几十年的老烟民，最近为了身体健康，爷爷决定戒烟了。但这几十年"累积"下来的烟瘾也不是说戒就能戒掉的。看着爷爷强忍住不吸烟的难受模样，莎莎不禁感到好奇：烟瘾真的这么难戒吗？

　　莎莎将疑惑告诉了已经成功戒烟的舅舅，舅舅告诉莎莎，烟瘾其实来自多个方面。莎莎问："我只知道香烟中含有的尼古丁会让人上瘾，除了这个，还有其他的原因吗？"

　　舅舅说："其实常年吸烟的人在心理上会对香烟产生依赖，比如疲劳困倦的时候，总会想用吸烟来提神；和朋友交往的时候，也会习惯用香烟来维持社交，这也是很多吸烟者离不开香烟的原因。"

　　听了舅舅的话，莎莎若有所思地点了点头："原来烟瘾不但会'侵袭'人的身体，还会'支配'人的心理。吸烟真是太可怕了，一定要帮助爷爷早日戒烟。"

说到吸烟，一些人会说："我随时都可以戒，只是我不想。"但事实上，尼古丁成瘾是一种十分严重的问题，让许多人在戒烟的过程中反复挣扎。

尼古丁是香烟中的一种主要成分，也是导致吸烟者上瘾的元凶。当吸烟者吸入香烟时，尼古丁迅速通过肺部进入血液，然后到达大脑。在大脑中，尼古丁会释放出一种多巴胺神经递质，给人一种短暂的愉快感。但是这种感觉很快就会消失。而吸烟者的大脑会渴望再次体验那种感觉，从而导致想要再次吸烟。

随着时间的推移，大脑会逐渐习惯这种由尼古丁引起的多巴胺刺激，吸烟者便需要吸入更多的尼古丁才能达到同样的效果。这就形成了一种恶性循环。

尼古丁成瘾并不是短时间内就能克服的，这也是为什么许多烟民在尝试戒烟时会遇到困难，甚至有的人尝试多次仍无法成功。尼古丁戒断综合征是戒烟者的身体在突然缺失尼古丁后，出现的一系列内分泌失衡的症状，包括焦虑、烦躁、头痛、失眠等。这些症状的出现会使戒烟的过程变得更为困难。

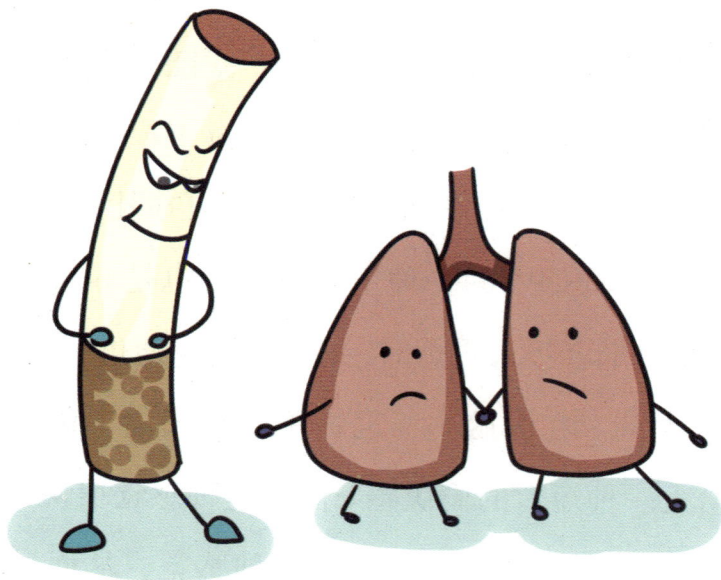

除了生理依赖，烟瘾的形成还和心理因素有着密切的关系。吸烟常常被视为一种应对压力、不安和孤独的方式，人们在焦虑或压力大的时候往往会用吸烟来缓解。这种行为模式也会加深他们对烟草的依赖。

而且，吸烟具有一定的社交属性。在某些时候，吸烟被视为一种社交活动，甚至会与某种身份或形象联系起来。例如，一些人可能觉得吸烟可以让他们看起来更成熟、更酷或更有吸引力。这些心理因素可能加剧吸烟的诱惑，使人们更难以戒烟。

　　了解烟瘾的来源和成因，可以帮助吸烟者更有针对性、更有效地戒烟。戒烟是一个需要时间、耐心和决心的过程，有时候甚至需要专业的帮助。因此，青少年要尽早认识吸烟的危害，防止自己染上烟瘾。

四、吸烟已成为人类健康第二号杀手

小杰的父亲是一个老烟民。小杰自小就见父亲整日被烟雾环绕，手里总夹着一根燃烧的香烟。那时候，他不理解，为什么父亲那么喜欢吸烟？小杰长大后，开始模仿父亲，尝试着抽起了烟。初次吸烟，他咳嗽不止，但这种新鲜感和刺激感还是让他忍了下去，而且他认为这是"成年人"的象征。随着时间的推移，对小杰来说，吸烟从尝试变成了习惯，再从习惯变成了需求。

随着年纪的增长，小杰开始感觉到吸烟带来的副作用。他常常感到呼吸困难，容易疲劳，视力也开始下降。他的健康每况愈下，直到有一天，他在医院接受检查时，被诊断出患有肺癌。

这个消息就像一道闪电，击中了小杰和他的家人。他的父亲内疚不已，后悔自己的坏习惯影响了小杰。而小杰也痛苦地意识到，他原本以为是"成年人"象征的吸烟，实际上却是一个致命的杀手。

国家卫生健康委发布的《中国吸烟危害健康报告2020》显示，我国的吸烟人数已达到 3 亿以上，也就是说，我国大约 20% 以上的人口都是"烟民"。而我国每年因为吸烟死亡的人数在 100 万以上，这一数量超过了许多传染病死亡人数的总和。

　　这不是一个个空洞的统计数字，而是无数像小杰这样的案例所告诉我们的事实。每一根烟，每一口吸入，都是在逐渐削减我们的生命。这一恐怖的数据让吸烟成为仅次于心血管疾病的人类健康第二号杀手。

吸烟为何如此致命？答案在于烟草中包含的数千种有害物质，其中最主要的有尼古丁、焦油、一氧化碳等。这些物质可对吸烟者的身体产生深远影响，损害肺部、心脏、大脑等多种器官。

吸烟时，吸烟者会吸入燃烧的烟草产生的有害物质，它们会在吸烟者的体内积累，从而引发各种疾病。长期吸烟的结果可能是患上各种形式的癌症、心血管疾病、肺病等。另外，青少年长期吸烟，会使得学习和认知过程产生缺陷，如记忆力下降和注意力不集中等。

现如今，青少年吸烟已经成为全球公共卫生领域的重点问题，各国政府都出台了相关法律，预防未成年人吸烟。比如，《中华人民共和国未成年人保护法》第五十九条便规定："禁止向未成年人销售烟、酒、彩票或者兑付彩票奖金。烟、酒和彩票经营者应当在显著位置设置不向未成年人销售烟、酒或者彩票的标志；对难以判明是否是未成年人的，应当要求其出示身份证件。"

青少年是祖国未来的希望，吸烟虽不违法，但这种行为会极大地危害青少年的身体健康。不仅如此，青少年之间的吸烟行为还往往存在着跟风现象，特别是年纪较小且容易被人误导的青少年，很有可能会因为好奇而模仿他人，最终一步步对烟草产生依赖。

从点燃香烟的那一刻起，香烟中的有毒有害物质就会开始侵袭青少年的身体，原本应该朝气蓬勃的祖国的花朵，就会在香烟的荼毒下提前"枯萎"。因此，为了自己的身心健康，青少年应该正确认识吸烟的危害，尽可能地远离吸烟人群。

五、"隐形杀手"二手烟

　　每天晚上，当父亲坐在电视机前，手里捏着烟，房间里就会弥漫着烟雾。尽管莉莉不喜欢这种烟熏味，但是为了陪伴父亲，她总是忍耐着，待在烟雾缭绕的客厅里。

　　随着时间的推移，莉莉开始出现了一些健康问题：经常咳嗽，晚上睡觉也开始呼吸困难。她的父亲开始担忧，于是带她去医院检查。医生告诉他，莉莉的肺部出现了问题，这可能与长期吸入二手烟有关。

　　父亲听后非常后悔和自责，他从没意识到自己的吸烟习惯会对莉莉造成如此严重的影响。从那一天起，他决定戒烟，为了他心爱的女儿，也为了其他家人的健康。

⸺→　手烟，是指被动吸烟者吸入的香烟烟雾，包括主
⸺→　流烟和侧流烟。吸烟者吐出的烟被称为"主流烟"，
不过这只是二手烟中的一个"组成部分"。香烟一旦被点燃，
燃烧处就会有烟雾自行散发到空气当中，这种因燃烧而释放
出来的烟雾叫"侧流烟"，这就是二手烟的另一个"组成部分"。

二手烟的危害绝不亚于直接吸烟，尤其是侧流烟中所产
生的有毒有害物质极具杀伤力，其中含有的一氧化碳、尼古
丁，以及致癌的苯并芘、亚硝胺等有害物质是一手烟的数倍

甚至数十倍。而且在烟草燃烧的过程中，有毒有害物质会在空气中持续较长时间，所以二手烟的吸入时间会比吸一手烟的时间更长。不过，最重要的原因是在吸入二手烟的过程中，人们不仅要吸入吸烟者呼出的烟雾，还要吸入香烟燃烧时所释放的有害气体。

世界卫生组织发布的第九份《世界卫生组织全球烟草流行报告》显示，烟草每年使 800 多万人失去生命，每年约有 130 万人死于二手烟雾。2019 年全球疾病负担估计，全球每年约有 5.1 万名 20 岁以下的儿童和青少年死于二手烟暴露，其中近 4.7 万名为 5 岁以下儿童。孩子们的健康和未来正在因为这个无形杀手而遭受威胁。

二手烟中的有害物质能通过呼吸道进入肺部，然后进入血液，最终传播到全身各个部位。长期接触二手烟的人群，很可能会患上慢性阻塞性肺病、呼吸道感染、肺癌、心脏病等疾病。尤其是胎儿、婴儿和儿童，他们无法选择自己所处的环境，最容易受二手烟影响。如果孕妇长期吸入二手烟，烟雾中的一氧化碳等有害气体很有可能会导致孕妇的血氧浓度降低，从而致使胎儿缺氧早产、畸形，甚至是死亡。而儿童的免疫力还不够健全，二手烟极有可能导致他们患上哮喘、肺炎和气管炎等疾病。不仅如此，二手烟还会让本就患有呼吸道疾病的婴幼儿加重病情，最终可能导致其死亡。

　　吸烟者每次点燃香烟，不仅是在伤害自己的健康，也会危害到周围人的健康，特别是家中正在长身体的青少年。因此，为了自身和他人的健康，我们必须尽可能避免接触二手烟，特别是要保护儿童免受二手烟的伤害。

　　吸烟有害健康这句话针对的不仅是吸烟者，无辜吸入二手烟的人群更需要重视这一内容。自 1989 年开始，"世界无烟日"从每年的 4 月 7 日改为每年的 5 月 31 日，该日期被巧妙地定在了国际儿童节的前一天，目的就是提醒广大烟民在吸烟时要多关注少年儿童的身体健康，不要让他们成为二手烟的受害者。

六、"超隐形杀手"三手烟

田田小的时候，祖父经常在她身边抽烟。即使祖父不在她的视线里，那种刺鼻的烟味也总是环绕在她周围，留在她的衣物、玩具甚至她的房间里。

祖父过世后，那个老旧的房子和它承载的记忆都被保存了下来。每当田田走进那个房间，那熟悉的烟味就会出现在她的记忆里。而且每次她在那个房间待的时间长了，就会感到头疼、眼睛刺痛，有时甚至喉咙发痒，呼吸不畅。这让她感到疑惑，因为祖父已经过世一年了，那里早已没有人抽烟了。

田田去医院检查后，医生告诉她，这些症状可能是由于吸入了所谓的"三手烟"。那个房间里的家具、地毯和墙壁中，可能还残留着她祖父抽烟时产生的有害物质。田田被这个信息震惊了，她以前从不知道烟草竟然能以这种方式持续影响人的健康。

━━━➤手烟这个词对于大多数现代人来说不算陌生，相
━━━➤比之下，"三手烟"这个词就不那么为人所熟知了。
三手烟指的是烟草燃烧后产生的有害物质在环境中的残留物，
它在我们的生活中随处可见。

举个常见的例子，吸烟的人衣服上总有一股较为明显的
烟味。如果是常年烟不离手的"资深老烟民"，甚至连皮肤
上都会携带刺鼻的烟味，而这些烟味，就是烟草残留物，即
三手烟。烟味除了会附着在衣服和皮肤上，密闭空间内的家
具、地毯、窗帘以及墙体也会在吸烟者吸烟后沾染上大量的
烟雾残留物。并且，这些残留物的存在时间还很长，少则数日，
多则数月。

在上一节中，我们对二手烟的危害有了一定的了解，且
充分认识到二手烟的危害要大于直接吸食香烟。那三手烟的
危害是不是要比二手烟更大呢？

事实的确如此，烟草燃烧后残留的有害物质，比如尼古丁、
焦油和多种致癌物，可以被人体吸入、摄入或者通过皮肤接
触吸收。特别是儿童的爬行和手口行为，让他们更容易接触
和摄入三手烟，极易患上呼吸道疾病、皮肤疾病，甚至癌症。

而且，沾染在家具等物体上的有害物质也不会因为自然通风而迅速消散，必须要经过清洗或消毒，才能彻底将这些有害的污染消除掉。

一般来说，在通风的室外吸烟比在密闭的空间内吸烟造成的污染物附着相对较少。至少对于身边不吸烟的人来说，能让他们更少地吸入二手烟和三手烟。但是，因为烟雾会附着沾染在衣服和皮肤上，所以吸烟者回到室内后，依然会导致有少量污染物蔓延到各处。

比起二手烟，大多数人对于三手烟给人体健康带来的危害认识不足，所以人们对于衣物、皮肤和一些物体上附着的烟味往往并不重视。而这种忽视给了有害物质以可乘之机，它们会在不知觉中危害人体健康，严重的甚至会危及人们的生命。所以，说三手烟是比二手烟更加隐形的杀手一点也不为过。

　　作为青少年，我们在坚守自身原则不吸食香烟的同时，也应多向身边人普及二手烟及三手烟的知识。只有让更多人认识到被迫吸烟会对人体产生更大的健康威胁，吸烟这一不良行为才有可能被更多人所抵制。

七、裹着"糖衣"的电子烟

阿华的堂哥是个有十年烟龄的烟民，但最近，阿华发现堂哥很久没有去商店买烟了。这天阿华高兴地问堂哥："看你最近都没有去买烟了，难道终于戒烟成功了？"

堂哥听完，神秘兮兮地拿出一个看上去像金属管的东西，说："之前戒烟一直戒不掉，听说电子烟可以帮助戒烟，我现在已经开始抽电子烟了。"

电子烟能戒烟？阿华怀着好奇心上网查阅了许多相关资料，还向医生进行了咨询，结果发现电子烟能够帮助戒烟的说法只是一个虚假的噱头，电子烟中也含有能让人成瘾的尼古丁。最重要的是，电子烟对身体的危害并不比传统香烟小，甚至还含有更多的有害物质。

阿华想，一定有很多人都和堂哥一样，被表面裹着"糖衣"

的电子烟所迷惑了。他赶紧将自己了解到的情况告诉了堂哥。堂哥听完叹了口气，说道："看来戒烟这件事是没有捷径可走的，我还是靠意志力来坚持戒烟吧！"

近些年来，随着科技的进步，香烟也走上了"高科技"的道路。电子烟是近些年开始流行的一种新型香烟，它与传统香烟最大的区别在于，电子烟中不含有焦油。但这并不代表电子烟就不会危害人体健康，因为电子烟中依然含有多种致癌物质。

电子烟的流行，很大原因在于其巧妙的市场推广策略。它被包装成高科技产品，与传统的香烟形象大相径庭。许多电子烟的广告都会强调其无烟、无尘、无臭的特点，以此来吸引消费者。

然而，这些看似无害的外表背后却隐藏着许多健康隐患。电子烟是一种模仿卷烟的电子产品，通过将尼古丁雾化来模拟烟雾。可说到底，最终被吸烟者吸入肺部的物质仍然有尼古丁，而尼古丁对身体健康的危害程度并不会因为经过雾化而降低。而且电子烟中还含有多种其他有毒物质，如重金属、乙二醇等，这些物质同样会对人们的健康产生负面影响。

不仅如此，电子烟也会产生二手烟和三手烟，烟雾中也含有一级致癌物亚硝胺。这些亚硝胺、尼古丁以及许多烟雾中的有害颗粒物也会悬浮在空气中，附着在皮肤、衣物和各种不会活动的物体上，然后对无辜的不吸烟者造成侵害。

电子烟的使用者主要是年轻人，他们往往忽视了电子烟的危害，甚至误认为使用电子烟是戒烟的一种手段。许多青少年在试用电子烟后，逐渐对尼古丁产生依赖，给他们未来的生活带来了严重影响。

世界上充斥着各种各样的陷阱，电子烟就是其中一种。如果不能清楚地认识到它的本质，便很容易被其外表和虚假的宣传迷惑误导。因此，青少年应该擦亮双眼，怀着一颗警惕求真的心对身边的事物进行识别，以免落入华丽陷阱之中。

第二章

白色烟雾中的致命风险

一、致命的白色烟雾

暑假的一天，可可和上幼儿园的表妹在家看电视。当电视里的歌舞表演舞台上出现人工烟雾时，表妹高兴地说道："我爷爷也会吐这种白色的烟！像仙境一样，可美了！"

可可忙说："这可不一样，舞台上的烟雾是干冰升华后产生的，爷爷吐的白烟是烟草燃烧后产生的，这种烟可是有毒的呀！"表妹歪着脑袋想了想，说："原来是这样啊，难怪爷爷吐出来的烟雾一点也不好闻。"

可可接着对表妹说："别看香烟燃烧的烟雾和爷爷吐出来的烟雾都是白白的，这其中可是有很多对身体有害的物质呢。以后看见爷爷吸烟，你可记得要离远一些，这些烟雾吸到身体里不利于身体健康。不过，为了爷爷和其他人的身体健康，我们还是劝爷爷以后少抽烟吧！"

表妹虽然没有完全理解可可的话，但也笑着接受了可可的提议。

烟草的历史虽然可以追溯到数千年前，但它的危害并未因其历史悠久而变得温和。尽管烟草可能带来短暂的愉悦感，但其长期的危害却无法忽视。让我们一起深入了解烟草中的各种有害物质，看看这种白色烟雾中究竟隐藏着何等的风险。

白色，大多数时候被视为纯洁无瑕的象征，因此，许多"白色的危险"很容易被人们忽视掉。

烟草燃烧产生的白色烟雾虽然名字叫"烟雾"，看上去也只是一缕缕白色的轻烟，但其中的主要成分却是有害气体和颗粒物。最具代表性的有害气体有一氧化碳、一氧化氮、二氧化氮等，颗粒物则有尼古丁、苯并芘等。这些有毒有害物质加起来有数千种，它们在进入人体后，会引起一系列的生理反应，比如心率加快、血压升高，甚至可以改变人类的基因，从而导致慢性支气管炎、血管硬化和心肌梗塞等各种疾病的发生。

有人认为吸烟者在吸烟时并不会吸入多少烟雾，所以这些白色烟雾对他们的影响相对有限。但实际上，剩余的侧流烟和吸烟者呼出的主流烟一样，都含有各种有害物质，只要处于白色烟雾覆盖范围内，无论是主动吸烟者还是被动吸烟者，都会遭到侵害。

更加可怕的是，这种白色烟雾给人体带来的损害是慢性的，它不像见血封喉的毒药，会立即释放出毒性，而是慢慢蚕食人们的健康。在这个过程中，人们往往不会察觉到其中的危险，这也是这种白色烟雾的"狡诈"之处。

正是因为这种致命白烟中所存在的危害容易被人忽视，我们才更应该对其提高警惕，在保护自己健康安全的同时，还应该提醒身边的人及时远离。

二、杀伤黏膜组织的焦油

小雯最近发现了一个有意思的事情，外公右手的食指和中指非常黄，跟其他的手指比起来，这两根手指的颜色特别突出。经过仔细观察，小雯终于明白了外公手指发黄的秘密，原来，是因为外公这两根手指长期夹着香烟。

难道是香烟燃烧的烟将手指熏黄了吗？带着这个好奇，小雯又观察了许多经常吸烟的人，发现他们很多都和外公一样有着发黄的手指，另外还有较黄的牙齿。查询资料之后，小雯才知道，原来导致这种现象产生的主要原因是香烟的烟雾中含有焦油。

焦油是一种含有多种有害物质的复杂混合物，这些混合物包括但不限于镉、砷、胺、亚硝胺，以及多种放射性同位素。很多人对放射性同位素比较陌生，这种物质会对人体产生辐射，最主要的危害就是诱发癌症。

焦油和我们熟悉的尼古丁不同。尼古丁是烟草中本身就含有的一种自然成分，但焦油在香烟没有点燃的情况下是不存在的，只有在燃烧的情况下，因为不完全燃烧才会产生焦油。既然是不完全燃烧的产物，那一支小小的香烟中含有的焦油量应该不会太多吧？

的确，烟草燃烧后产生的焦油很少，我们肉眼常见的焦油大多积存于烟嘴之中。但是，聚沙成塔的道理也适用于这里，在一点点地积累下，再微小的量也会达到致命阈值。过量的焦油积累会让肺部的毒素产生堆积，而光靠肺部自有的能力是无法在短时间内将其彻底清除的，要想快速将焦油排出体外，必须依靠药物的帮助。

焦油会通过血液进入人体的血管内，加速血管壁的硬化程度。随着年龄的增长，人类的血管壁会慢慢失去弹性，变得逐渐硬化。血管硬化是衰老的重要特征，焦油会加速血管硬化，也就是说，焦油会加速人的衰老。

不仅如此，在焦油的长期作用下，人体的黏膜组织也会遭到严重破坏。仔细观察一下身边的吸烟者就能发现，很多常年吸烟的人常常会感觉咽喉不适。这是因为焦油会刺激、破坏咽喉处的黏膜，让人患上慢性咽炎。

黏膜是人体内许多器官内壁所存在的一层保护屏障。人体中的重要器官，如肺、气管、肾脏、膀胱、消化系统，以及女性的子宫、卵巢等都覆盖着一层黏膜，这也是保护人体不受病毒感染的第一道防线。但焦油可以破坏掉这道防线，让人体器官轻易就被有害物质"攻陷"，这样一来，人体患癌的风险就会大大提升。因此，我们除了要小心香烟燃烧散发出的白色烟雾，还要小心香烟燃烧后的焦油残留。

三、无色无味的一氧化碳

一阵急促的救护车警笛声打破了傍晚的宁静，小峰的邻居周爷爷被医护人员用担架抬上了救护车。周爷爷是一位独居老人，但每天都会有儿女来看他。今天周爷爷的小女儿来看他时，发现他因为煤气中毒而晕倒在了地上。好在周爷爷中毒的时间很短，且救治非常及时，所以并没有生命危险。

事后，小峰和爸爸说起了这件事，并问道："煤气既然会让人中毒，为什么我们做饭的时候还要使用煤气呢？"

爸爸解释道："其实让人中毒的不是煤气，而是煤气中的一氧化碳。密闭空间中一氧化碳浓度过高，人就会因为吸入过多的一氧化碳而导致急性中毒。"小峰恍然大悟："原来一氧化碳才是罪魁祸首呀！"

"其实，除了煤气中含有一氧化碳，我们生活中一个常见的行为也会产出一氧化碳，"爸爸神秘地朝小峰眨了眨眼睛，"你知道是什么吗？"小峰实在想不出，便请爸爸揭晓答案。爸爸指了指商店门口禁止吸烟的标牌，说："吸烟也会产出一氧化碳。"

与一氧化碳相比，大多数人更熟悉二氧化碳，它们都是在常温下无色无味的气体，但二氧化碳没有毒性，一氧化碳却是一种有毒气体。

一氧化碳和上一节中介绍的焦油一样，也是因不完全燃烧而产生的一种物质。一支香烟所产生的一氧化碳大约是20毫克，过度吸烟很可能会导致一氧化碳中毒。

那一氧化碳是怎么引起中毒的呢？说起来其实非常简单，一氧化碳在进入人体呼吸道以后，会通过肺泡进入血液中，并与血红蛋白结合变成碳氧血红蛋白。这种碳氧血红蛋白不能给人体提供氧气，因此会造成有机体急性缺氧，也就是人们常说的一氧化碳中毒。

一氧化碳中毒的程度有轻重之分，症状较轻的会出现四肢无力、头晕等情况；严重一些的会出现昏迷，且意识开始混乱等情况；最严重的是会让人出现高热、脑水肿和肺水肿等情况。脑水肿和肺水肿这两种情况一旦发生需要立即送医，进行紧急的专业救治，否则就会危及中毒者的生命。

很多时候，因为香烟及其烟雾中少量的一氧化碳浓度不足以让人产生过度的不适感，所以一氧化碳的危害常常遭到忽视。但长期处在烟雾缭绕的吸烟环境中，吸烟者也会出现头晕、恶心等症状，这其实就是一氧化碳在作怪。

　　对此，我们应该时刻保持警觉，因为严重的一氧化碳中毒即使被抢救过来，也极有可能产生诸如中枢神经系统受损的后遗症。这种脑损伤具有不可逆性，其严重后果将会伴随患者终生。

四、致癌物质苯并芘

世界卫生组织列出的一级致癌物有黄曲霉素、亚硝酸胺类化合物、甲醛、尼古丁、苯并芘等。所谓"一级致癌物"就是确定能够诱发人类或动物患癌的有害物质，长期接触会对人体产生极大的危害。

从以上入围名单中，我们可以发现亚硝酸胺类化合物、尼古丁、苯并芘都是吸烟过程中会产生的有害物质，这似乎可以间接证明——吸烟诱发人类患癌的概率很大。接下来，我们将对苯并芘这一物质进行介绍。

苯并芘是烟草烟雾中的一种有害物质，属于多环芳烃类物质。它是无色至淡黄色、无味的晶体固体，但是其危害性却不容忽视。

　　在烟雾中，苯并芘主要来源于烟草燃烧时的不完全燃烧过程。它可以轻易地透过人的肺部气体交换区进入血液，随后遍布全身。最令人担忧的是，苯并芘是公认的强致癌物，它对人体的肺部、口腔和喉部等处的伤害极大。据世界卫生组织报告，吸烟者患肺癌的风险是非吸烟者的 10 倍以上，而其中一个重要的原因就是烟雾中的苯并芘。

　　不仅如此，苯并芘在环境中的存在也是一个严重的问题。它可以长时间存在于空气中，极易被人吸入肺部。此外，它还可以通过烟蒂进入土壤和水体，对环境造成污染。在食物链中，苯并芘则可以通过植物和动物进入人体，对非吸烟者的健康也构成威胁。

　　不仅是香烟，苯并芘在生活中的来源也有很多。比如，在一些食品烹饪过程中，如果温度过高或者烹饪时间过长，就有可能产生苯并芘。例如，烧烤肉类、熏制食品和油炸食品等。尽管这些食物中的苯并芘含量远低于香烟，但频繁摄入也会对人体健康造成潜在威胁。

　　此外，交通尾气和一些工业废气也是苯并芘的主要来源。这就意味着，即使你不吸烟，也可能通过呼吸空气接触到苯并芘。城市空气质量差，环境污染严重的地方，苯并芘的含量可能会更高一些。

苯并芘可以长时间存在，在土壤、水体乃至大气中传播，对生态环境造成破坏，影响生物的生存与繁衍。特别是一些水生生物，会因为水体中苯并芘的积累而受到严重影响。

因此，对于苯并芘的防控，不仅要从个人健康的角度出发，譬如戒烟、合理烹饪食品等，更需要从环保的角度，通过控制工业排放、改善空气质量等措施，来减少苯并芘的环境暴露，保护人类和生态环境的健康。

青少年在防止苯并芘污染环境这方面能贡献的力量是有限的，但远离吸烟环境和少吃不健康食品却可以很容易做到。因此，我们需要在有限的能力范围内，自觉做好这些力所能及的事情，为我们的健康成长负责，也为身边的生活环境负责。

五、不同的味道，同样的危害

小宋的好朋友小秦最近给他推荐了一款新型"零食"——水果香烟。小秦告诉小宋，这种香烟是低尼古丁的柔和型香烟，吸起来的味道比传统香烟要好多了。

从来不吸烟的小宋在小秦的劝说下吸了一口，发现这种烟吸起来的确不会让人反感，而且还有淡淡的水果香味。小宋很快就喜欢上了这种香烟。在他看来，水果香烟是不会像传统香烟那样危害人体健康的。

一年后，小宋因为咽喉不适来到医院检查。在听到医生对他提出的戒烟建议后，小宋说道："我吸的都是没什么危害的水果香烟，也有戒的必要吗？"医生听完摇了摇头，语重心长地说："水果香烟说到底不也是香烟吗？其中危害健康的致癌物可一点也不比普通香烟少啊！我之前有一个年轻患者也是常年吸水果香烟，还不听医生的劝告，结果前几天肺部检查出了毛病。"

医生的话让小宋感到有些害怕，他连忙回家查询水果香烟的相关资料，结果看到了很多关于水果香烟危害健康的报道。小宋下定决心要尽快戒烟，并将这个消息告诉了小秦。

烟草公司为了扩大市场，吸引更多消费者，特别是年轻人，会在香烟中添加各种香料，创造出丰富多样的味道，如薄荷味、香草味、巧克力味等。然而，无论烟草的味道如何变化，其对人体健康的威胁却是不变的。

水果香烟和前面讲到的电子烟一样，其中的香味都来源于加入的香精。香精作为一种化学合成物质，燃烧后会释放出有毒物质。这无疑是在香烟本身就复杂且多样的有害物质上又新添了一把火。

这些所谓的"口味烟"并不能降低吸烟的危害，反而会让人产生误解，认为这些烟比普通香烟更健康、更安全。实际上，无论是薄荷烟还是香草烟，都同样含有尼古丁、焦油、一氧化碳以及其他上千种有害化学物质，对人体的呼吸系统、循环系统、神经系统等都会产生严重的危害。

更为严重的是，这些口味烟常常被视作一种时尚，成为一些年轻人尝试吸烟的入口。尤其是一些女性和青少年，他们常常被这些口味烟所吸引，从而掉入吸烟的陷阱，导致烟草依赖性和相关疾病的风险大大增加。

除此之外，市面还流行一种号称"低焦油"的细杆香烟。这种香烟从外表看体积比普通香烟要小上许多，因此，便会让许多人产生一种细杆烟的危害比普通香烟更低的错觉。事实上，实验表明，细杆烟燃烧释放的烟雾浓度反而要高于普通香烟，释放的有害物质自然也更多。

　　很多时候，感官错觉会让我们对事物产生一些错误的判断，就好比这些看上去无害或者低害的香烟对人体健康的实际危害反而更大一样。我们要始终明确，不管是什么样的香烟，都必然会含有有害物质，会对我们的身体造成损害。只有对香烟拥有一个正确的认识，才能更好地防止香烟带给我们危害。

第三章

吸烟对人体的危害

一、吸烟加重呼吸系统负担

到了流行感冒猖獗的季节，好多人都出现了上呼吸道感染。这天，清清放学回家时，正好看见急匆匆准备出门的妈妈。清清忙问妈妈发生了什么事，妈妈告诉他，姨妈因为感冒住进了医院，妈妈现在要赶去照顾姨妈。

清清跟着妈妈一起来到医院，医生一见到清清的妈妈就将她拉到了旁边。妈妈以为是姨妈出了什么事，于是急忙问医生："我妹妹不是感冒了吗？"医生摇摇头说："你妹妹的上呼吸道感染比较严重，现在肺部也已经受到了感染。她刚刚告诉我她平时有吸烟的习惯，你们家属可要制止她的这种行为呀。"

"医生叔叔，吸烟会加重姨妈的病情吗？"清清好奇地问医生。医生点点头，回答说："没错，吸烟会伤害我们的呼吸系统，对于本身就患上呼吸道疾病的病人，更是雪上加霜。"

听了医生的话，清清坚定地对妈妈说："妈妈，咱们一定要看好姨妈，千万不能让她再吸烟了！"

吸烟对人体各个器官的危害巨大，其中最直接且最明显的就是对呼吸系统的影响。当我们吸烟时，烟雾中的有害物质首先会通过口鼻进入呼吸道，对我们的鼻腔、咽喉、气管、支气管以及肺部产生直接的刺激和损害。

烟草烟雾中的尼古丁、焦油、一氧化碳等有害物质能够刺激呼吸道黏膜，引起其充血、肿胀和分泌物增多，使得空气流通受阻，导致咳嗽、喉咙痛、气促等症状出现。长期如此，就会使人体呼吸道的防御机制受损，易于感染，增加患急慢性支气管炎、肺炎等呼吸道疾病的风险。

这些有害物质还可以破坏肺部的正常结构，包括肺泡和肺泡间隔，使肺部的换气功能受损，进而发展为慢性阻塞性肺病，如慢性支气管炎、肺气肿等。此外，烟草烟雾中的致癌物质如苯并芘等，长期沉积在肺部，还会增加患肺癌的风险。

烟草烟雾中的有害物质就如同肆虐的山火，不断烧灼我们的呼吸道。每吸一口烟，就有上千种有毒化学物质进入肺部，破坏肺泡，阻碍氧气的输送。而肺部的每一个肺泡就如同树叶，是氧气和二氧化碳交换的场所。当这些树叶被破坏，人的呼吸功能就会受到影响。

吸烟时所产生的一氧化碳，也会减少血红蛋白携带氧气的能力。这就像是在我们的生命之树的运输通道中设置了障碍，使得生命之树无法有效吸收和运输氧气，无法有效排出废弃物，从而使整个生命机制运转困难。

　　吸烟过程中产生的有害物质会对我们的呼吸道发起猛烈进攻，而为了抵御有害物质的侵袭，呼吸系统的防御机制就需要做出比对抗普通病毒更大的努力。这样一来，无疑会加大呼吸系统的负担。而在呼吸道本身就受到病毒感染的情况下，再继续吸烟，会摧毁本就不堪重负的呼吸系统为抵御有害物质所付出的所有努力，进一步加重病情。

　　每一次点燃香烟，就相当于在自己的肺部燃起一把火。青少年的免疫系统还未发育完全，呼吸系统更容易受到病毒的侵害。因此，我们不仅要在生病时远离吸烟环境，也要在日常生活中拒绝吸烟。

二、吸烟与恶性肿瘤

　　小良的爸爸决定戒烟了，得知这个消息后，小良和妈妈十分高兴。不过爸爸却一脸愁容地说："你们知道我为什么决定要戒烟了吗？"妈妈笑着打趣说："快和我们说说，你这'老烟枪'受了什么刺激才打算戒烟的？"

　　爸爸却一点也笑不出来，他说："我那好朋友老何，前段时间检查出了口腔癌，听说这种病几乎是不能治好的。"说完，爸爸重重地叹了口气。小良认识爸爸口中的"老何"，那位叔叔喜欢吸烟的程度和自己的老爸比起来可是有过之而无不及。

　　不过，这还是小良第一次听到"口腔癌"这个词，于是他问道："爸爸，何叔叔的口腔癌是吸烟导致的吗？吸烟不是最容易引发肺癌吗？"

爸爸拍了拍小良的肩膀，说道："吸烟可能会引发的癌症远不止肺癌。以前总觉得这些疾病离自己很遥远，所以总是不以为然，直到身边有人因此而付出代价才醒悟过来。唉，如果老何能早些意识到吸烟的危害，说不定就不会得这病了。"

吸烟并不仅是一个简单的习惯或者嗜好，而是一个直接与我们的生命安全挂钩的问题。吸烟与恶性肿瘤的关联性被科学家们证实已久，其对人体的健康造成的危害远比我们想象的要严重。

在我们吸入的烟草烟雾中，有许多化学物质是致癌的。这些致癌物质如同沉积在身体器官中的隐形炸弹，随时可能引发恶性肿瘤。其中，肺癌、口腔癌、喉癌、食管癌、胰腺癌等的发生都与吸烟有很大关系。

据美国国家癌症研究中心和美国环境保护局的估计，约有85%的肺癌的发生与烟草有关。这一数字清楚地表明，吸烟是导致肺癌的最主要的风险因素。

那么，吸烟是如何导致肺癌的呢？当我们吸入烟草烟雾时，烟雾中的有害物质会直接接触我们的肺部组织。这些有害物质中，有多种已被证实为致癌物质，如前面所提到的苯并芘等。这些致癌物质能够破坏肺部细胞的 DNA，导致细胞的遗传物质发生变异，引发细胞恶性增生，也就是我们通常所说的肺癌。

吸烟时间的长短以及吸烟量的多少都是引发肺癌风险的重要因素。研究发现，长期吸烟者和每天吸烟量较大的人患肺癌的风险更高。这就像是在滚雪球一样，越早开始吸烟，吸烟的量越大，雪球就越容易滚大，患肺癌的风险也就越高。

烟草烟雾中的有害物质通过嘴巴进入身体，在口腔、喉部和食道产生直接的刺激和破坏，也会引发恶性肿瘤。此外，吸烟还会增加患胰腺癌的风险。烟草中的化合物被运送到胰腺，在胰腺内进行生物代谢，对胰腺造成刺激，从而引发胰腺癌。

吸烟所产生的有害物质不仅能够直接引发恶性肿瘤，还能够通过改变我们的身体环境，间接引发恶性肿瘤。比如，吸烟所产生的一氧化碳和焦油可以降低身体的免疫力，使得人们的身体更容易受到癌症的侵袭。

　　无论是经常吸烟，还是偶尔抽一两支，或是觉得电子烟和烟丝较轻的烟草危害较小，这些都不会改变吸烟有害健康的事实。每一次吸烟，就是在给自己的健康埋下一颗不知何时爆炸的炸弹。没有任何一个烟民能逃脱烟草带来的伤害，我们应当拒绝吸烟，珍爱生命！

三、吸烟与高血压病

小程的同事患有比较严重的高血压，常常一紧张就会头晕、心悸，让人看了都不免替他担心。不过，他这位同事自己却并不是特别在意，不仅不注意保养身体，还常年烟不离手。

一天，这位同事因为和他人意见不合发生了争吵，两人越吵越凶，结果该同事情绪激动，突然就倒了下去。大家吓了一跳，赶紧将其送到了医院。果不其然，这位同事这次晕倒正是高血压引起的。

小程陪着同事做了一圈检查，发现这位同事不仅有高血压，还有比较严重的糖尿病，甚至连肺部也有阴影。医生看完检查报告，叹了口气道："你这烟龄不小了吧？"

同事点点头说："是的，但高血压和糖尿病跟吸烟也没关系吧？"医生有些生气地回答说："怎么没有关系！吸烟导致的疾病可比你想象中的多得多，所以，想要保证身体健康，你首先要做的就是戒烟。不然，你现在的情况可能会更加严重。"

高血压可以分为原发性和继发性两种。前者是由遗传和其他因素共同造成的，这种情况的病因尚不能准确判断；后者是由其他疾病或药物所引起的，年龄的增长、药物的影响，以及不良的生活习惯都有可能会导致这种高血压的产生。

在许多人的认知中，吸烟似乎与高血压这种疾病关系并不大。然而，实际上吸烟会大大增加患高血压病的风险。每当我们点燃一支香烟，香烟中的尼古丁就会进入我们的血管，引发一系列的生理反应。其中最重要的一点是，尼古丁会刺激我们的神经系统，导致心率加快，血管收缩，进而增加心脏的工作负担，使血压上升。如果这种状态持续下去，就很可能发展成为高血压病。

更为严重的是，吸烟还会导致血液中的胆固醇和甘油三酯增加，从而加速动脉硬化的过程。当血管变得僵硬，血液流动的阻力增大，血压就会上升，患高血压病的风险也会随之增加。同时，吸烟还可能破坏血管内壁，使得血管内壁更容易受到胆固醇等有害物质的侵蚀，形成血栓，从而阻塞血液的流动，导致高血压。

因为上述情况而引发的高血压，必须通过戒烟和药物来控制血压。当然，就算高血压不是吸烟所引起的，高血压患者也应该尽快戒除吸烟习惯、远离吸烟环境，因为继续下去很可能会加重自身病情，酿成更为严重的后果。

　　总的来说，吸烟对高血压病的影响有多方面，这些影响是相互关联、相互加强的。只有远离烟草，我们的血管才能保持健康，血压才能保持在正常范围内。

四、吸烟也会带来糖尿病

今年中秋，倩倩原本和舅舅约好去舅舅家吃饭，但节日前一天，舅妈却突然打来电话，说表弟生病了，聚餐的计划被取消了。倩倩对于聚餐被取消的事虽然很失望，但她也十分担心表弟的情况，于是便问舅妈表弟生了什么病。听了舅妈说是糖尿病，倩倩大吃一惊："糖尿病？我记得外公也有糖尿病，这不是老年人才会得的病吗？表弟这么小，怎么会得糖尿病呢？"

几天后，倩倩的舅舅来到家里，和倩倩说起了表弟的病情，倩倩这才知道原来糖尿病并不是"老年病"。而且，表弟的糖尿病还和舅舅常年在家里吸烟有关系。舅舅懊悔地表示，以后一定不会再吸烟了。

糖尿病是一种由于胰岛素分泌缺陷或其生物作用受损而引起的代谢性疾病，其特征为高血糖。国际糖尿病联盟的数据显示，截至 2021 年，全球约有 5.37 亿的患者。我国 20 岁至 79 岁人群中，糖尿病的患病人数从 2000 年的 2000 多万增长到 2021 年的 1.4 亿多，预计到 2030 年，这一数字将达到 1.64 亿。最可怕的是，糖尿病已经不再是老年人的"专属病"，15 岁以下的儿童患糖尿病的数量也在增加。《中国 1 型糖尿病诊治指南（2021 版）》指出，过去 20 年间，中国 15 岁以下人群 1 型糖尿病发病率增加了近 4 倍。

人们对糖尿病这种疾病虽然不会感到陌生，但大多都认为饮食不健康是引起该疾病的主要原因，很少会有人意识到糖尿病和吸烟之间的关系。事实上，吸烟者患糖尿病的风险要比非吸烟者高上许多。

烟草中的主要成分尼古丁可以降低身体对胰岛素——一种帮助我们的身体利用和储存糖分的重要激素——的敏感性，导致我们的身体需要更多的胰岛素来处理同样量的糖分。这就使得我们的身体逐渐变得对胰岛素不敏感，也就是我们通常所说的胰岛素抵抗，而这恰恰是引发糖尿病的一个重要因素。

　　另外，吸烟还可以引发或者加重糖尿病的并发症。吸烟可以加速血管硬化的过程，损害心血管系统，增加心脏病和中风的风险。对于糖尿病患者来说，这些并发症的风险本来就较高，而吸烟无疑是在火上浇油。

　　对于已经患有糖尿病的人来说，吸烟可能使他们更难控制血糖。吸烟也会影响糖尿病药物的效果，使得血糖控制变

得更加困难。同时，吸烟还会影响糖尿病患者的食欲，使他们更难遵守饮食控制的要求。

　　总的来说，吸烟对糖尿病的影响是多方面的。它不仅直接通过尼古丁作用于身体，继而增加糖尿病的风险，还会通过影响人们的生活方式和血糖管理间接加重糖尿病的危害。每一支烟，每一口烟雾，都是迈向糖尿病的一小步。远离烟草，就是迈向健康的一大步。让我们共同努力，以自身的行动抵制烟草，守护我们和身边人的健康。

五、吸烟对口腔的伤害

王爷爷一直以来都有一个苦恼，那就是他宠爱的小孙子不喜欢与他亲近。这天，王爷爷又抱过小孙子，想在他肉乎乎的小脸蛋上亲一口，小家伙却极力将脸撇开，不愿意让爷爷靠近。

爸爸见状有些生气地指责儿子："爷爷这么喜欢你，你这样会让爷爷伤心的！"小家伙委屈地看着爸爸说："可是爷爷的嘴里有不好闻的烟味！我不喜欢这个味道！"听了孙子的话，王爷爷这才明白原来孙子不是讨厌自己，而是受不了自己嘴里的烟味。王爷爷想起自己过世的老伴也曾说过，自己常年抽烟导致嘴里总是有一股不好闻的味道。

想到这里，王爷爷决定要慢慢戒烟了。他心里很清楚，吸烟不仅对自己的身体没有益处，还会危害家人的健康。最重要的是，戒烟以后自己就有机会亲亲小孙子的脸蛋了！看来戒烟还真是百利而无一害呀！

吸烟对口腔健康产生的影响同样不容忽视。吸烟者较易受到各类口腔疾病的困扰，包括牙菌斑、牙周病和口腔癌等。

牙菌斑是大多数吸烟者的一个重要特征。通俗来说，牙菌斑就是牙齿表面附着一层黄色或黑色物质，它是香烟中所含的焦油和其他化学物质在牙齿上的沉积。抛开健康问题不谈，其也会对我们正常的社交生活产生一定的负面影响。此外，对于已经安装了牙齿义齿的吸烟者来说，烟雾会使义齿表面变色，影响美观。

牙周病是牙周组织所有疾病的统称，主要包括牙龈疾病和牙周炎。牙周炎是最为常见的一种口腔疾病，严重时会导致牙齿脱落。更为可怕的是，牙周炎发生的病变是不可逆的，这将会对患者的正常生活产生极大的不良影响。

吸烟者比非吸烟者更容易患上牙周炎，因为尼古丁可以影响口腔内的血流，使得牙龈的健康状况下降，容易导致牙周炎的发生。且吸烟使口腔内菌群失衡，繁殖的有害细菌也很容易引发牙周炎。

口腔癌作为一种恶性肿瘤，和肺癌一样是对吸烟者健康的极大威胁。这种恶性疾病的形成过程十分漫长，需要长期的积累，且不易察觉，而这也是容易让人放松警惕的重要原因。这就好比一种慢性毒药，当吸烟者发现自己中毒的时候往往已经为时过晚。

吸烟是导致口腔癌的重要风险因素。烟草中含有大量的致癌物质，这些物质被吸入口腔，可以直接损伤口腔黏膜，长此以往，便会增加患口腔癌的风险。

　　可以看出，吸烟对口腔健康的影响是全方位的。它可以破坏我们的牙齿，损害我们的口腔黏膜，甚至威胁我们的生命。因此，青少年应该从现在做起，拒绝吸烟，远离烟草环境，保护口腔健康。

六、吸烟对全身骨骼的影响

小蔡前段时间不小心从楼梯上摔了下去，腿部因此骨折。经过长时间的精心调养，小蔡的伤势却一直不见好转，于是他便在朋友的陪同下一起前往医院咨询情况。

在询问了小蔡最近的饮食习惯后，医生随口问了一句："最近有吸烟喝酒吗？"小蔡听完说道："以前每天都要抽半包以上，骨折以后每天会控制在5根以内。医生，吸烟应该不会影响骨头愈合吧？"

医生听完又好气又好笑地说："之前不是叮嘱过你，休养期间需要戒烟戒酒吗？不要还把对香烟危害的认知停留在对肺部有影响这一个方面，烟雾中的有害成分是会影响骨骼健康的。如果你想尽快痊愈的话，这段时间还是不要抽烟了。"

听了医生的话，小蔡这才不再吸烟了。回家以后，他在网上仔细查询了吸烟影响人体骨骼的相关资料，发现吸烟的危害远远超出他的想象。于是，小蔡便决定借这次养伤的机会，慢慢将吸烟的坏习惯给彻底戒掉。

说到吸烟对身体的危害，我们往往会想到心脏疾病、呼吸系统疾病、口腔疾病等，但很少有人知道，吸烟同样会对我们的骨骼健康产生重大影响。

骨癌算得上是骨骼疾病中最为严重的一种。诱发骨癌的原因有多种，比较常见的有遗传、化学物质污染，以及放射性元素等。而香烟中就含有大量对人体有害的化学物质，以及一些放射性同位素，这就导致吸烟者患上骨癌的可能性要高于不吸烟者。

当然，因为吸烟而直接患上骨癌的概率是非常小的，但这并不代表吸烟对人体骨骼的伤害可以忽略不计。香烟燃烧后产生的大量有害物质会引起骨骼中的血液减少，进而影响骨骼的正常发育，这对于正处于发育时期的青少年来说是非常有害的。

此外，吸烟还会影响骨密度。大量研究表明，长期吸烟会导致骨质疏松，这是因为尼古丁会影响骨骼对钙质的吸收。骨质疏松会使骨骼更易折断，尤其是年老的人群，骨骼更加脆弱，骨折的风险更高。

吸烟也会影响骨骼的愈合。当我们的骨骼受伤时，需要血液中的营养物质来帮助骨骼恢复和重建。然而，吸烟会使血液中的氧气含量降低，减少骨骼恢复所需的营养物质，从而延长骨骼愈合的时间，甚至使得骨骼无法正常愈合。

骨骼对于每个人来说都是非常重要的。如果没有骨骼的支撑，我们就无法正常行走，身体内部的脏器也会被挤成一团。

然而在绝大多数人的认知中，对骨骼的保护措施通常局限在补充钙质、保证健康正确的坐姿站姿等方面，很少有人会想到，远离吸烟环境对于骨骼健康也有很大的帮助。

骨骼病痛是常人所难以忍受的，这些病痛在很多时候其实是可以避免的。为此，我们除了要注意在日常生活中保护骨骼健康外，还要拒绝吸烟并远离吸烟环境。

第四章

科学控烟，
从我做起

一、吸烟对青少年的危害

阿克在学校的成绩一直很好，他喜欢打篮球，还是学校篮球队的主力。然而，这一切都在他开始吸烟之后发生了改变。

起初，阿克吸烟只是为了在他的朋友圈中耍酷。但很快他发现自己变得越来越依赖烟草，甚至一天不吸烟，身上就不得劲。紧接着，他的体力开始下降，他在篮球比赛中的表现也不如以前。他的成绩也开始下滑，因为他发现自己很难集中精神去学习。

他的朋友们纷纷指责他的吸烟行为，他的家人也对他深感失望。阿克感到焦虑和孤独，他开始怀疑自己是否能戒掉烟瘾。

青少年时期是身体发育和心理成长的一个重要时期，在这一阶段，良好的生活习惯和正确的心理引导是最为重要的教育工作之一。吸烟对于成年人来说尚且是一种不值得提倡的行为，对青少年来说，更是一种要严厉杜绝的行为。

虽然不是所有的肺癌都是由吸烟导致的，但科学研究表明，吸烟者患上肺癌的概率高于不吸烟者。而且越早开始吸烟的人，患上肺癌的可能性越大。当前世界各国青少年吸烟人数正在逐年上升，如果不加大管理力度，将有越来越多的青少年受到吸烟的毒害，甚至会患上致命的肺癌。

香烟中含有大量的颗粒粉尘和有害物质，一旦进入人体内，肺部需要很长的时间才能将其清除出去。而青少年因为肺部尚未完全发育成熟，有害物质无法完全清除，长此以往，肺部发育便会受到不良影响，甚至引发哮喘。

其实除了肺部，处于发育阶段的青少年还有许多器官处于未成熟阶段，且免疫能力相较于成年人也更弱。因此，香烟中的有害物质对青少年身体的损害比成年人更严重。更重要的是，这些伤害很多是不可逆的。因吸烟而造成的生理损伤，比如骨骼、神经和生殖等损伤，很有可能伴随青少年的一生。

另外，青少年吸烟还会引发严重的脑部疾病。吸烟时产生的一氧化碳会与人体内的血红蛋白结合，从而降低血液中的氧气含量，使脑部的供养不足，导致脑部出血或闭塞。长期下来，大脑的损伤会直接影响智力，继而影响青少年的正常学习、生活。

当然，以上这些只是吸烟对青少年生理所产生的不良影响，事实上，吸烟对青少年的心理成长也是极为不利的。许多青少年意志力较为薄弱，且拥有极强的好奇心，因此很容

易被误导，染上吸烟这类恶习。在此期间，如果不能得到及时且正确的引导，正确的人生价值观尚未成形的青少年就极有可能养成错误的思想观念，最终走上歧途。

　　吸烟对青少年的危害主要表现在生理和心理两个方面。我们不能说这两者之中哪一个更为重要，因为身体和心理都是衡量青少年是否健康的重要标准。国家和社会为了青少年能够在一个健康的环境中成长，推行了一系列保护青少年的政策法规。青少年作为被保护对象，自身也应该加强对不良行为的防范意识，坚决抵制吸烟等不良行为的诱惑。

二、拒绝第一支烟

小马是一个刚上高中二年级的学生，虽然平时性格有些木讷，但他的学习成绩一直很不错。这天，小马因为晚上学习太晚，有些没精神，便趁着课间去到卫生间，想用冷水洗把脸精神一下。结果刚走进去，就看见班上几个男生在这里吸烟。

吸烟的男生看小马用冷水洗脸，便对他说："你这样能管用吗？要不要试试抽烟？这个提神效果可比冷水洗脸有用多了。"小马皱着眉说："香烟中的尼古丁少量吸食的确会让人兴奋，但是长期吸食或大量吸食则会让人上瘾，这对身体健康造成的负面影响是很大的。"

吸烟的同学看了看自己手里的烟，有些怀疑地说："有这么严重吗？"小马点了点头，表情十分严肃地说："只要吸了第一根烟，习惯就会慢慢养成，之后再想改掉就不是那么容易了。"

看着几位同学脸上写着犹豫，小马继续说道："咱们现在这个年纪，很多身体器官还没发育完全，吸烟会严重危害我们的身体发育。趁现在吸烟时间不长，你们还是早些戒掉吧！"

为什么要拒绝第一支烟呢？因为烟瘾的形成就是从点燃第一支烟后开始的。你可能会认为只吸一次或者偶尔吸一下没关系，但事实并非如此。吸烟很容易上瘾，是因为香烟中的尼古丁有很强的成瘾性。

吸烟成瘾并不是立刻发生的，而是随着时间的推移，慢慢积累的。当你首次吸烟时，尼古丁会迅速进入大脑，产生愉悦感，这就是为什么许多人在第一次吸烟后会想要再吸一次。然后你可能会想要重复这种感觉，这就开始慢慢养成了吸烟的习惯。

因此，防止烟瘾产生的最有效方法就是拒绝第一支烟。不论是来自朋友的压力，还是出于好奇，都要坚决说"不"。你有权利对自己的事情做出决定，没有人可以强迫你做你不想做的事情。

拒绝第一支烟不仅是对健康负责，更是一种对自我价值的坚守。

青少年时期是个人成长的关键阶段，学会自主做出选择，不被他人所影响，是成熟的标志。如果在吸烟这件事上可以有所坚守，那么在生活中的其他决策上，你也会更有主见，更有能力去抵挡低级趣味和不良诱惑。

坚决拒绝第一支烟，就是在为自己的未来投资。吸烟会带来许多健康问题，如肺癌、心脏病、中风等，而这些疾病往往会在人生的后期为个人带来沉重的负担。一开始就拒绝吸烟，就是在预防这些潜在的健康风险，为自己的未来保驾护航。

做出拒绝第一支烟的决定，也会影响你周围的人。你的决定可能会鼓励你的朋友也做出同样的选择，从而在自己的朋友圈中创建一个健康、无烟的环境。

所以，拒绝第一支烟，是对健康、自主和未来的三重坚守。让我们一起行动，拒绝第一支烟，共同创造一个无烟的美好未来。

三、主动远离吸烟者

　　小曹和小邓是非常要好的朋友。最近因为学习压力太大，小邓开始吸烟了。一开始，小邓只是想在心情烦闷的时候吸一支，结果后来他吸烟的频率渐渐上升，逐渐开始对吸烟产生了依赖。

　　小曹也是深受其害，因为他每次和小邓待在一起都要被迫吸入二手烟。从不吸烟的小曹常常被呛得眼泪直流。于是，小曹便对小邓说："我看，你还是换一个解压方式吧。你吸烟不但影响自己的健康，我还得跟着你遭罪。"

　　谁知小邓并没有将小曹的话放在心上，反而说："要不你也试试吸一根吧，状态不好的时候真的能提神醒脑。"小曹有些生气道："我把你当朋友，为你的健康着想才劝你戒烟的。如果你坚持这样，那以后我们就少来往吧！"

小邓认为，自己与小曹有着多年的深厚友情，小曹现在说的一定是气话。但没想到，从这以后小曹果真不再主动与他联系了。小邓不愿意失去这份友谊，于是将小曹约了出来，表示自己一定会尽快戒烟。见小邓态度诚恳，小曹说道："吸烟不仅会对自己的健康造成伤害，还会严重威胁身边人的健康，这样大家自然就会远离你了。"

身处吸烟环境中，尽管我们并未点燃香烟，但仍然会因为二手烟的吸入而受到伤害。研究表明，二手烟中包含的有害物质，甚至比吸烟者吸入的还要多。这些有害物质可能引发各种健康问题，包括心脏病、肺癌、呼吸道感染、哮喘等。

在密闭的空间中，二手烟的浓度会大大增加，对健康的危害更大。因此，吸烟者应尽量避免在家中、车内、公共场所等环境中吸烟，避免二手烟对其他人的伤害。而不吸烟的人则要主动远离吸烟的人群，避免成为二手烟的受害者。

主动远离吸烟者，不仅是一种维护个人健康的选择，更是一种承担社会责任的表现。

在日常生活中，身边朋友和同伴的行为往往会影响我们的行为。如果我们的朋友圈中有吸烟者，我们可能会在无意识中也接受并模仿这种行为。因此，远离吸烟者是一种积极的防护行为，让我们的身体避免受到负面影响。

同时，远离吸烟者也是在发出一种信号，表明我们对吸烟的反对态度。这一行动可能会使吸烟者反思自己的行为，甚至可能促使他们做出改变。因此，这也是一种社会责任的体现，通过自己的行为影响他人，推动社会环境的改善。

最后，远离吸烟者也是对自我价值的维护。选择健康的生活方式，拒绝被动吸烟，是维护自己健康权益，保护自己不受有害物质侵害的正确表现。

在青春期这一重要的发育阶段中，身体健康和心理健康应该被放在同等重要的高度。远离吸烟环境、远离吸烟者，不仅能保护我们的身体健康，还能让我们的心理发展不受错误的引导。

四、封闭空间勤通风

　　昊昊每次来到奶奶家，奶奶都会将家里的门窗打开通风，就算是在寒冷的冬天，奶奶也会将门窗打开一会儿。昊昊有些纳闷地问："奶奶，天气这么冷，为什么还要把窗户和门打开呀？屋里好不容易有点暖气都给跑掉了。"

　　奶奶看了一眼坐在旁边的爷爷，说道："你爷爷整天在屋里抽烟，屋里都是烟味儿。我这不是听说那个什么二手烟对身体不好吗？心想通风散散味道，别把你给熏到了。"

　　原来奶奶是为了自己的健康着想啊！昊昊点点头，然后故意大声地说："没错，奶奶，二手烟对人的伤害可比一手烟还大！"听到这话的爷爷有些不好意思地挠了挠头，说："那以后我抽烟的时候到外面去不就好了吗？"

　　结果昊昊笑着说："可是爷爷，烟雾会飘到你的衣服和头发上，这样有害物质还是会被你带回家里来呀！对了，这叫'三手烟'，危害比二手烟还大哟！"爷爷将信将疑地看着昊昊，最后低声说："知道了，以后我尽量少抽烟。"

人住新房子之前，我们都会选择让房子通风一段时间，即使是长期有人居住的房间，每隔一段时间也需要进行通风。因为常通风不仅可以排出室内的污浊空气，还能减少屋内病菌的滋生，从而为我们提供一个空气清新的良好环境。

反之，长期不通风、不见阳光的密闭空间则十分容易产生二氧化碳和病原微生物，这会对我们的身体健康带来不利影响。而且长期生活在这样的空间里，还会影响我们的心情，很难让我们的心情感到愉悦。

故事中提到的三手烟我们已经了解了，就是吸烟者在吸烟后残留在其他物体表面的烟草物质。如果在室内或者密闭空间内吸烟，有害物质就会长时间附着在室内的家具、墙面等物体上。这一问题的可怕之处就在于它的隐蔽性，因为我们无法通过肉眼看出附着的有害物质。缺乏相关知识的人甚至不会意识到，一些看上去干净无比的家具或衣物上，其实已经沾染了大量有毒有害的物质。

虽然开窗通风不会完全清除掉这些有害物质，但是，开窗时自然风会带走一部分残留物。所以在通风的情况下吸烟可以在一定程度上减少二手烟对人体的危害，也可以减少一些烟雾中的有害物质附着到其他物体上的可能性。

　　当然，除了开窗通风以外，有条件的家庭还可以利用排风系统来让室内和室外的空气进行交换。因为很多时候，只靠开窗开门通风无法起到最好的空气置换效果，而且在天气情况不好的时候，也无法顺利使用这种方式进行通风换气。

　　总的来说，常给密闭空间通风是非常有必要的。对吸烟者来说，这样做不但可以减轻自己吸入二手烟的危害，还能减少三手烟对其他人的危害。此外，即使是不吸烟，通风也能给我们带来空气更清新的生活环境。

五、主动劝说家人戒烟

　　曦曦看着爸爸一边咳嗽一边还拿着香烟吞云吐雾的样子，不禁皱起了眉头。于是，曦曦对妈妈说，一定要让爸爸尽快戒烟。妈妈有些为难道："我好几年前就在劝你爸爸戒烟了，可是你爸爸脾气倔得很，非说什么你爷爷常年吸烟身体依然健康，所以他肯定不会得病。"

　　"妈妈，我有一个好办法！"听了妈妈的话，曦曦突然灵光一闪，"不如，我们带爸爸去医院做个体检吧？主要是拍个肺部的 X 光片，让他直观地看看自己的肺和不吸烟的人有什么区别。"

　　周末，爸爸在曦曦和妈妈的陪同下一起前往医院做了一个全身检查，结果发现爸爸不仅有高血压，而且血糖也偏高。爸爸却不以为然，认为这和吸烟没关系。曦曦也不争辩，只是说："咱们先带着肺部的 X 光片去问问医生吧。"

医生看着爸爸的片子皱了皱眉，说："你这肺一看就知道烟龄不短了，正常人的肺部片子是不会有那么多白色阴影的。"曦曦见状趁机问道："医生叔叔，高血压和高血糖与吸烟有关系吗？"医生点点头，说道："当然有关系了，吸烟会影响血糖和血压，所以为了自己和家人的身体健康，还是不吸烟比较好。"

听了医生的话，爸爸才终于相信，原来自己并不是不会受到吸烟影响的"幸运儿"。看着身边的妻子和女儿，爸爸郑重地说道："明白了，从明天开始我要戒烟了！"

- -

家庭是我们成长的摇篮，健康的家庭环境有助于青少年的身心健康。因此，如果我们的家人是吸烟者，勇敢地向他们提出戒烟的建议是非常必要的。

首先，我们要让他们了解吸烟对自己身体的危害，以及二手烟、三手烟对家人身体健康造成的伤害。有些人对自己家人的身体状况尤为重视，我们可以抓住这一点对其进行劝说。

其次，我们要找到他们吸烟的原因，可能是压力大、寻求短暂的放松，或者是社交活动中的一部分。通过理解他们的需求，我们可以提供替代的解决方案，比如进行有氧运动以缓解压力，或者找到其他的社交活动。

再次，我们要真诚地表达出自己的关心，告诉他们，我们关心他们的健康，希望他们能长寿，能看到我们长大，看到我们的成就。他们也会因此感受到家人的关爱，有更大的动力去戒烟。

最后，我们要给予他们支持。戒烟是一个艰难的挑战，但并非无法完成。我们可以与家人一起制定戒烟计划，为他们提供替代品，如口香糖、水果等；鼓励他们寻求专业帮助，如参加戒烟课程、咨询医生等。

这是一个需要耐心和坚持的过程，但只要我们一起坚持，总有一天，我们的家人会成功放下手中的香烟，拥抱健康的生活。

很大程度上来说，主动规劝家人戒烟是能力有限的青少年为禁烟事业贡献的重要力量。社会是由无数个小家庭共同组成的，若每一个青少年都能为自己的小家庭出一份力，那这些小小的力量终能汇聚成一股大大的正能量，为国家的禁烟事业作出巨大贡献。

六、劝阻他人吸烟要讲方法

　　阳阳每天上下学都要乘坐 13 路公交车。这天，放学的阳阳和往常一样坐上了 13 路公交车，和他一起上车的还有一个中年大叔。这位大叔刚上车就找了一个靠窗的位置，然后拉开车窗便开始点燃香烟。

　　"你怎么能在公交车上吸烟呢？车上可是有烟雾报警器的！"坐在大叔后排的一个年轻人大声喊道，其他乘客的目光立即聚集了过来。大叔感到面子有些挂不住，于是也大声说道："关你什么事！我开着窗户，烟都飘到外面去了！"

　　年轻人坚持道："你赶紧把烟灭了！不然就下车去！"听他这么说，大叔更加生气了，大声说道："我凭什么要下去！要下你下！"见两人越吵越凶，司机和乘客都赶紧过来劝架。

　　阳阳也加入了其中，他对大叔好言相劝道："叔叔，这位大哥哥并没有恶意。您看，公交车上本来就是禁止吸烟的，因为这样极有可能造成安全隐患。您自己现在也在公交车上，一定不会希望危险的事情发生吧？"阳阳说完，司机和其他乘客也赶紧附和了起来。

见阳阳一个中学生都如此明事理，大叔不好意思地熄灭了香烟，接着对司机和乘客道了歉，表示自己刚刚一时气不过，也对阳阳和年轻人的阻止行为表示了感谢。

当我们想要劝阻他人吸烟时，无论是朋友、亲人还是同事，方法和技巧是非常重要的。错误的方式可能会引发对方的反感，不仅无法达到预期的效果，还可能伤害到他人。

在劝阻他人吸烟时，我们要确保自己的意图是出于关心和爱，而非批评或贬低。告诉他们，我们之所以希望他们戒烟，是因为关心他们的健康和幸福。这种表达方式更有可能使他们接受我们提出的劝阻建议。

想要成功劝阻他人吸烟，时机的选择是很重要的，在平静和轻松的气氛下展开讨论，更容易获得对方的认可。如果在吸烟者压力过大或是情绪低落的时候劝阻，很可能会引起他们的逆反心理，无法取得良好的劝说效果。

在劝阻他人吸烟时，要给予他们足够多的信息和知识，以及具体的戒烟方法。有些人可能并不了解吸烟的危害或者过于乐观地低估了吸烟的风险，向他们提供科学、准确的信息，可以帮助他们了解吸烟的真实后果；为他们提供有效的戒烟方法和资源，则可以让他们更好地接受我们的建议。

作为社会的一分子，我们的漠视、迁就是对不良行为的一种纵容。如果所有人都选择忽视和逃避，那这种行为将会越来越普遍，最终导致的后果就是整个社会环境都会受到恶劣影响。到了那个时候，无论是谁都无法躲避二手烟和三手烟带来的伤害。因此，用正确的方法劝阻吸烟者是我们每一个人应该承担的责任。

七、戒烟靠毅力，更靠方法

这天，小孙和妈妈刚到外公外婆家，就听到两位老人激烈的争吵声。妈妈赶紧上前劝架，并询问他们吵架的原因。原来外婆把家里的打火机都藏了起来，还把外公的烟都给扔掉了。

外公认为外婆这样做不尊重自己，于是气呼呼地说："你不和我说一声就把我的东西都丢了，实在是太过分了！"外婆也不甘示弱地拿出了一件衣服："谁让你整天在家里抽烟，我怎么说你都不听，还把我的真丝衬衫给烧坏了！"外公虽然理亏，但还是有些不服气地抗争道："那你也不能把我的烟都丢了吧！"

妈妈看着两位老人，无奈地叹了口气，然后公正地评判道："妈，你随便丢人家的东西的确不对。但是爸，你在家吸烟的行为也不对，不但烧坏了别人的衣服，而且在家吸烟还会让人被迫吸二手烟。"

小孙也趁机说："对呀外公，吸烟对你和外婆的身体都不好，趁着这次外婆把你烟都丢掉的机会，不如试着戒烟吧！"外公委屈地说："之前戒烟好几次都失败了，我这不是毅力不足吗？"见外公不是不愿意戒烟，妈妈赶紧提出了一个方案："这样吧，如果您能将吸烟的数量减少到每月一包，我就让妈每周给您增加一次钓鱼的机会。您二位觉得怎么样？"

外婆觉得这样做不错。而外公听到每周都能多钓一次鱼，毫不犹豫地答应了。毕竟他也认为，用循序渐进的方式戒烟成功率会更高一些。

烟瘾虽不像是毒瘾那般难戒除，但戒烟后复吸的概率却是非常高的。一般来说，烟龄很长的人即使成功戒烟，但当他们再次接触到香烟时也很难经受住诱惑。因此，彻底戒烟对于烟民来说并不是件容易的事。

毅力是戒烟的关键因素，但仅靠毅力是不够的。毅力可以帮助吸烟者在面对烟草诱惑时坚定地说"不"，但在面对吸烟的强烈渴望和戒断症状时，光有毅力却无法取得成功。这也是我们需要用科学的方法戒烟的原因。

对于很多吸烟者来说，对香烟的依赖基本上可以分为生理和心理两个方面，科学的戒烟方法也应从这两方面着手。

从生理方面来讲，戒烟不能急于求成。比如一个吸烟者平时每天要吸半包烟，决定戒烟后可以先改为三天吸半包，

然后再减为一周吸半包。这样循序渐进地减少吸烟量，更容易戒烟成功。

从心理方面来讲，吸烟者需要阻断的是自身对吸烟的心理依赖。大多数吸烟者吸烟都是为了振奋精神，因此，在戒烟的时候可以尝试换一种振奋精神的方法。比如培养一项自己喜欢的体育运动来提高精气神，或者将更多的注意力转移到其他感兴趣的事情上，这样就不会总想着吸烟了。

另外，时刻提醒自己吸烟对身体健康危害极大，也能在一定程度上控制住吸烟的念头。比如将吸烟者的肺部照片打印出来，贴在日常能看见的地方，这样也能在心理上产生威慑作用。

对于那些拥有较长烟龄，且多次尝试戒烟都失败的吸烟者来说，适当使用药物减少自己对尼古丁的依赖，降低吸烟带来的满足感，也是一种有效的戒烟方法。不过，使用药物戒烟需要在医生的指导下进行，不能自己盲目尝试，更不能听信谣言胡乱用药。

戒烟并非易事，需要时间和耐心。但只要有坚定的决心，并运用科学的方法，最后一定能够取得成功。这将是吸烟者送给自己的一份最好的礼物，同时也是他们为家人朋友们的健康生活作出的重要贡献。